A ORILLAS

A ORILLAS

DAVID MAÑERO

PREMIO NACIONAL DE POESÍA 2025
«POETA MARIO LÓPEZ»

Número 4 de la Colección Azul de poesía de Poéticas
Dirigida por José Sarria

Diseño y maquetación: Chari Nogales
www.charinogales.com
Imagen de portada: Lilián Guerrero Valenzuela

Primera edición: enero de 2026

ISBN: 979-13-88007-32-3
Depósito Legal: GR 1895-2025

Publica: Valparaíso Ediciones / Poéticas Ediciones
www.valparaisoediciones.es / *www.poeticasediciones.com*

Impreso en España — *Printed in Spain*
Gráficas Gami

PRÓLOGO

Hay tantas Ítacas como viajeros. Para algunos, como en el famoso poema de Kavafis, la isla se convierte en pretexto; en realidad, la meta es la sabiduría y el autoconocimiento que proporciona el viaje. Para otros, simboliza el hogar y el regreso al origen. Pero para quien se marcha y deja atrás el mundo conocido, Ítaca representa la esperanza de otra vida. En sus playas confluyen quienes allí habitan a salvo y quienes llegan, los supervivientes. Esa naturaleza dual de las orillas recorre el segundo poemario de David Mañero, ganador del XXXII Premio Nacional de Poesía «Poeta Mario López» 2025 y finalista del Premio Internacional de Poesía «Miguel Hernández-Comunidad Valenciana» 2025. Si en su libro anterior, titulado *En las horas de luz* (Libros del Aire, 2024), el autor recorría una selección de «instantes decisivos» convertidos en palabra poética y nos invitaba a dialogar con sus propias lecturas y con él mismo, en su segundo poemario centra la mirada en uno de los problemas más acuciantes de la época en la que vivimos, la migración y sus tragedias. Y lo hace combinando sabiamente profundidad y delicadeza, mención directa y sugerencia sutil, realidad feroz y mito actualizado.

A orillas está compuesto por cuarenta poemas en total, repartidos de forma equilibrada entre las cuatro partes del libro (tres secciones numeradas y un epílogo). El poemario cuenta, por tanto, con una estructura cuidadosamente diseñada, en la que las secciones primera y segunda enlazan con las que las siguen, respectivamente, a través del título de su último poema.

La primera parte, titulada *Estelas*, comienza con un texto iluminador, "Los lenguajes del tiempo", en el que se contrastan los distintos tipos de huellas que pueblan una playa de origen volcánico ("En estas piedras negras, / quedó memoria de la lava [...] A esta playa de piedra, / llegó un cuerpo a la fuga. / Dejó un rastro mortal, / la zapatilla desgastada"). Tras algunas de las composiciones se vislumbran los hechos concretos que las motivaron, aunque suficientemente desdibujados como para trascender la anécdota. Así sucede en el poema "*Summer Love*", que toma su título del nombre de la embarcación que, tras cuatro jornadas de navegación desde Turquía, se hundió cerca de Crotona, en la costa oriental de Calabria, con casi doscientas personas a bordo, un naufragio que las autoridades podían haber evitado. La realidad se manifiesta en toda su crudeza cuando, al final del poema, el autor transcribe las palabras de una de las supervivientes ("Nigeena Mamozai / describió el salto de Seyar: / «Lo busqué alrededor, / grité su nombre, / pero no hubo respuesta. / Se marchó entre las olas»"). Por su parte, en "Cazadores de extranjeros" resuenan ecos de los incendios acaecidos en Grecia en 2023, en los que murieron casi treinta inmigrantes, mientras parte de la población local los acusaba de haber provocado los fuegos. Se trata de un poema excelente, en el que se contrapone mito ("así, al darles las brasas, Prometeo / les entregó el poder y los peligros") y actualidad ("Ahora propagan llamas, / cercan el bosque donde se esconden los extraños"). También destaca especialmente en esta primera sección el poema "En el ocaso", descripción estremecedora de un Mediterráneo bello y letal:

EN EL OCASO

Algo se agita al fondo.
En el ocaso,
la luz final impide discernir
la dispersión de formas que aún laten
sobre el plano dorado de las ondas.

A la mirada, en tierra,
el mar es negro y funde su presencia,
imagen de la muerte.

La segunda sección, *En el camino,* combina poemas en los
que se habla del entorno y de un tiempo aparentemente
detenido desde el punto de vista de quien está seguro en
tierra firme ("En la noche", "Las formas del presente",
"Los nombres de la lluvia", "Nitidez"), con otros en los que
se adopta la perspectiva del viajero (real o metafórico), a
quien se interpela en segunda persona del singular ("En
el centro", "Entre la niebla", "Hacia la orilla"). Resuenan
ecos de poemas de la primera sección del libro, como
sucede en "Entre la niebla", en cuyas dos estrofas se
contraponen los destinos de quienes han muerto y de
quien sobrevive:

ENTRE LA NIEBLA

Ya no sabremos dónde están,
si se agotó su aliento
en alta mar o bajo el fuego.

Ahora es preciso confiar
en el impulso de tus pasos,
aunque vayas a ciegas, sin saber
si se ocultan las rocas tras la niebla.

El viaje desemboca en la tercera sección, *A orillas,* que
da título a todo el poemario, acertadamente, a nuestro
juicio, pues en ella se exponen algunas de las ideas
centrales del libro: los límites del lenguaje ("Todos los
hechos llegan a entenderse, / pero no hay realidad / en la
expresión. Lo que palpó la voz / se adueña de su forma y
del sentido, / desvía el curso del lenguaje"); la incapacidad
de las palabras para representar la realidad con exactitud
("pero no llegarás / a dar con las palabras / con que la vida
impone su presente"); la necesidad de hablar por quienes
no pueden hacerse oír, como esas voces anónimas a
quienes se dedica el poemario ("Daré además los nombres
que ahora callan, / el lenguaje que asalta la conciencia. /
Será anidar la noche al alba. / Será abrir los espacios / de
la mañana nunca imaginada").

Esta tercera sección se cierra con el poema "A orillas de
Ítaca", única vez que el nombre de la patria de Odiseo
aparece en el libro, aunque resuene durante toda su
lectura. En esta composición se pone de manifiesto
nuevamente un recurso que David Mañero emplea con

pericia a lo largo del poemario: la confrontación entre mito y realidad, incluso la reescritura de la leyenda o de la fábula. Lo vimos en "Cazadores de extranjeros"; aparece igualmente en "Las palomas de las Tullerías" o en "Los límites de Poseidón" y lo encontramos también en los versos finales de "A orillas de Ítaca": "No cruzarás aún ásperas selvas / ni entrarás hoy en la ciudad, / que ya es casi desconocida. / En Ítaca te aguardan otros tiempos / que habrás de transitar junto al origen / del horizonte alzado en esta playa".

El poemario finaliza con un epílogo titulado "Desde la isla", al igual que la última composición del libro, poema que constituye una magnífica oda elegíaca en la que la voz poética interpela directamente a esa porción de tierra rodeada de agua que se erige en símbolo de lo inalcanzable: "Isla hacia dentro, / forma recobrada, / perdura el cambio en tus estrellas incisivas, / siguen las horas modulando tu lenguaje. / Una y distinta, / emerge de ti el fruto inaccesible"; "Isla insondable, / sombra perseguida, / tomas tu voz / del nombre en que ya estabas".

David Mañero consigue en este excelente libro abordar, desde una conciencia crítica y sin sensiblerías, un tema tan doloroso como la inmigración irregular. Lo hace mediante la expresión contenida y el tono sereno, dando protagonismo no solo a los seres humanos, sino también a los espacios que transitan y a los instantes que viven. Igualmente se ayuda de la hábil alternancia entre personas gramaticales —primera y segunda del singular, primera y tercera del plural—, cuyo efecto es el cambio de interlocutor, así como de la preferencia por la sugerencia frente a la expresión explícita. Por último, en lo que a la estructura de los poemas se refiere, sorprenden sin duda los finales poderosos, eficaces, de efecto duradero, como el del texto que cierra el poemario ("Tras el umbral, más tarde, / mezclaron vino negro, / mientras los dioses debatían los destinos"). Son finales que, una vez terminada la lectura —y, con ella, el viaje— seguirán resonando durante mucho tiempo en nuestra memoria.

ELENA FELÍU ARQUIOLA

JAÉN, 30 DE OCTUBRE DE 2025

A estas voces anónimas

I

ESTELAS

LOS LENGUAJES DEL TIEMPO

I

En estas piedras negras,
quedó memoria de la lava.

Entre los poros desbastados
que alcanza el oleaje,
se consumieron los rescoldos
de un paisaje abrasado,
de fragmentos de roca
en los que el viento talla su figura.

II

A esta playa de piedra,
llegó un cuerpo a la fuga.
Dejó un rastro mortal,
la zapatilla desgastada
sobre asfalto, en los puertos
donde se embarca hacia el poniente.

SUMMER LOVE

I

Cuerpo con cuerpo,
en siniestra crisálida,
entraron en las fauces
del bosque junto al mar.

Con la resolución de las hormigas,
traspasaron en fila la maleza,
hasta alcanzar, a ciegas, entre rocas,
la playa inaccesible.

II

Con mar en calma, a la deriva,
permanecieron horas escuchando
el golpear del viento y de las olas
contra la embarcación enmudecida.

Azul y blanca,
con los colores deslavados
de un mundo destinado a los turistas,
llegó en reemplazo *Summer Love*.

III

Despojada de mástiles,
sin fuerzas,

flotaron cuatro días en la nada,
en la extensión inerte de la espera.

Al acercarse el alba, naufragaron,
ya próxima la orilla.

Nigeena Mamozai
describió el salto de Seyar:
"Lo busqué alrededor,
grité su nombre,
pero no hubo respuesta.
Se marchó entre las olas".

EN EL OCASO

Algo se agita al fondo.
En el ocaso,
la luz final impide discernir
la dispersión de formas que aún laten
sobre el plano dorado de las ondas.

A la mirada, en tierra,
el mar es negro y funde su presencia,
imagen de la muerte.

CAMINO A PRÓCIDA

Imposible apresar
la imagen ya deshecha en las estelas.
La memoria no logra
reavivar el paisaje,
ni distinguir las voces
al fondo de los días;
pero aquella mañana,
camino a Prócida, sobre cubierta,
fijó el recuerdo una gaviota,
la precisión
violenta de su vuelo,
a muy poca distancia,
la belleza
de las alas inmóviles,
y los embates
del pico sobre el cebo de un turista.

Después, en tierra, aquella talla
con túnica de oro;
y, a sus pies,
doblegada, una bestia
de bronce abre las fauces,
según plasmaron las fotografías.

CAZADORES DE EXTRANJEROS

En la caña de hinojo,
ocultó las semillas para el fuego
y se las dio a los hombres.
Como el agua
sacia a los moribundos y aguarda su naufragio,
así, al darles las brasas, Prometeo
les entregó el poder y los peligros.

Ahora propagan llamas,
cercan el bosque donde se esconden los extraños,
mientras, detrás, avanzan cazadores
sobre tierras quemadas y persiguen
sus rastros y los culpan
del incendio. Los muestran.
Son las piezas
que cobraron al odio y a la infamia.

LAS PALOMAS DE LAS TULLERÍAS

En equilibrio ambos sobre un pie,
los brazos extendidos, las cabezas
giradas al mirarse,
Atalanta e Hipómenes
emergen del estanque, en el jardín
de la terraza de Pomone de las Tullerías.

Sobre los hombros y los codos de él,
y en el costado y por las manos de ella,
se posan las palomas, ignorando
la vida puesta en juego en la carrera
y el momento final, en que los cuerpos
se habrán de transformar en dos leones
uncidos para siempre al carro de Cibeles.

Por algunos minutos, se acrecienta
la distancia entre el mito y el presente,
en el que los turistas, intranquilos,
esperan que los sirvan,
bajo la atenta vigilancia
de las palomas.

EXPANSIÓN

Solo la piedra evoca
la imagen fija en la memoria.
En lo demás, no hay pausa.
    Los lentiscos
se han expandido más y más. No queda
ni un rastro de la guía
del algarrobo helado aquel invierno.
De un brote lateral, se eleva
el nuevo centro pleno de ramajes.

Pese a tanta abrasión,
cuanto ha sobrevivido,
sin vacilar, se impulsa
hacia el futuro de la savia.

EN CAMINO

De lo que fue en el sueño y en vigilia,
dejas atrás la estela;
de lo que está en tus manos
y ahora te desprendes,
del viento mitigado
que no sacudirá el velaje.

¿Para qué recorrer
en círculos la sombra del poniente?

II

EN EL CAMINO

CAMPANAS DE NÍJAR

Siete de mayo, en Níjar,
las campanas convocan el presente.
Tañen sin pausa, rápidas,
entre estallidos de cohetes. Tocan
después más lentas. Queda
una tan solo en movimiento.
Caen al suelo varillas humeantes.
Calle abajo, en la lejanía,
se oyen pasos. La música
resuena junto al trino de gorriones,
sobre los olmos viejos
que ocupan esta Plaza del Mercado.
Repican nuevamente:
otras tres campanadas y tres más
y, tercera vez, tres.
Silencio de campanas.
    Ya los pájaros
prosiguen su rutina.

Más lejos, el desierto
se funde en el crepúsculo.

EN LA NOCHE

Despertaste en la noche.
La oropéndola
no puede ahora cantar.
Es el mochuelo
quien puebla este paisaje
que alienta el rito de los grillos.
Su presencia invisible llena el aire
en estas horas casi detenidas.

LAS FORMAS DEL PRESENTE

La lluvia, como el viento,
nos centra en el presente,
pero el viento es presencia
que asalta o acompaña,
mientras la lluvia ocupa los espacios,
se adueña de algún tiempo
que no es solo pasado ni destino,
sino la forma del instante
que dicta estas palabras.

LOS NOMBRES DE LA LLUVIA

La lluvia palpa
con su presencia intermitente el día.

Con su ritmo,
que impone las rutinas,
nos trae hacia el presente
y escoge las palabras
que nombran lo de ayer o pronostican.

NITIDEZ

Con las lluvias primeras de septiembre,
se han definido los contornos.
El perfil de los tallos,
las hojas de la jara o del romero,
cobran idéntica presencia, afirman
la nitidez en este instante, el aire
que expande olor a tierra humedecida.

No quedan ya vestigios
de los primeros brotes,
ni muestra del desgaste
de ramas asoladas.
En lo más alto, encinas y cipreses
resaltan sobre el cielo.

EN EL CENTRO

En el centro del viaje,
de cara al horizonte,
no miras el destello
ni observas la ventisca
que anuncia la tormenta.

En el centro del viaje está el origen
que te impulsó a buscar la tierra firme.
Aquí están el origen y el destino.

ENTRE LA NIEBLA

Ya no sabremos dónde están,
si se agotó su aliento
en alta mar o bajo el fuego.

Ahora es preciso confiar
en el impulso de tus pasos,
aunque vayas a ciegas, sin saber
si se ocultan las rocas tras la niebla.

HACIA LA ORILLA

No llegan aquí voces
ni se escuchan bandadas de gaviotas
que vuelven, ni se atisban
las nubes de tormenta.

Todo es quietud.
No tienen forma propia
los días proyectados en el margen
del tiempo. Son la sombra
que se hunde entre las aguas
que acunan nuestro viaje.

III

A ORILLAS

HACIA DÓNDE

Miramos el mundo una sola vez, en la infancia.
Lo demás es memoria.
LOUISE GLÜCK, *MEADOWLANDS*,
TRAD. DE ANDRÉS CATALÁN

Venimos de la infancia
vivida o imaginada.
Nos llegan esas voces,
las que resuenan y también aquellas
que vamos inventando.

Iremos luego a alguno
de los espacios familiares,
mientras podamos escoger
o se levante el viento favorable.

ORILLAS DEL LETEO

Has entrado en el sueño
y tu cuerpo ya ignora en qué parajes
te arrojará la luz al despertar,
y el pensamiento no percibe
la forma de las rocas
o el paisaje real
que te reciba al fin sobre la tierra.

Ves rostros sin aliento
para narrar el viaje
o recordar la tierra originaria.
No es tampoco el momento
para contar sus planes. El futuro
se evade en las rutinas.

Tras el incendio, aguardan ateridos
con la humedad del mar y el viento helado,
entre plástico y lodos
que esparcieron las últimas tormentas.
No hay casi luz en Lesbos.
    Los cercados
han separado el tiempo de sus vidas.

MEMORIA DE LAS SÍLABAS

En estas siete sílabas,
puede impulsarse el viento o la condena.

Del sonido que atraen,
me llega aquí, en octubre,
entre árboles aún verdes,
una presencia, espacio
donde las hojas cubren
los senderos y esparcen
por este suelo el haz
de los ocres y rojos
que penden también altos, en las ramas.

En estas once sílabas, sin pausa,
se abre la claridad entre el ramaje
y acuden las palabras
para nombrar el cielo de este parque,
la inmensidad del tiempo
cruzado por el vuelo del halcón,
las palomas que buscan
migas de pan, insectos;
los reflejos del agua,
que va cegando el poso de las hojas.

REALIDAD DE LAS PALABRAS

Se explicará su fin,
la coordenada exacta del naufragio,
mientras el aire de los muelles
recorre el pabellón en que se hacinan.
Quizá encontremos la palabra cierta
que se alce entre la espuma,
como jirón de mar
que traiga el cuerpo a flote y diga el nombre
con el que algunos le llamaban. Todos
los hechos llegan a entenderse,
pero no hay realidad
en la expresión. Lo que palpó la voz
se adueña de su forma y del sentido,
desvía el curso del lenguaje.

Mira las olas, cómo nos arrojan
la verdad a la cara,
cómo mecen los barcos
allá lejos, donde las luces últimas
impiden distinguir el horizonte.
Al describir los hechos,
mintieron los informes
y mentimos nosotros
cuando la voz no deja
que entre con ella el viento,
que fracture o que pula
las formas del paisaje.

LAS PALABRAS NO ESCRITAS

Sabrás tentar la forma
que aguarda en los resquicios de la voz,
imaginar el pulso
que anida en el momento
en que la luz impregna el horizonte.

Podrás dar nombre al alba
mientras el sol dormita en tu recuerdo,
pero no llegarás
a dar con las palabras
con que la vida impone su presente.

Sin embargo, la fe
de predecir el tiempo agazapado
tras el camino ignoto
te ha impulsado a escribir
lo que aún no era presencia hasta este instante.

LAS VOCES CONJURADAS

I

Te alcanzarán mañana las certezas.
Bajo este cielo hambriento
que abrirá entre sus fauces claridad,
sabrás la voz precisa
con que el azar te arrostra
y propaga, invisible, vendavales;
desnuda el vuelo de la garza o tira
su cuerpo inerte al suelo. Volverán
las cornejas al sur,
pero es el viento, a ráfagas,
quien dirige el trayecto. Las salinas
palpitan ya expectantes,
mientras acechan las primeras lluvias.

II

De nada servirá invocar el tiempo.
Me he acercado a las rosas
que evocan su memoria de estaciones,
pero han muerto en la espera,
varadas en los márgenes del frío.

He conjurado rostros,
pero su aliento es el aleteo
de pájaros que escapan

hacia otro invierno,
en su constante viaje.

III

Se podrá entonces presentir la voz,
su resonancia:
lo que decimos es también camino
del que vendrán más tarde,
a su reclamo,
palabras que no fueron pronunciadas.

Convoco el nombre de los fresnos,
donde se extienden vegas,
entre olmos.
Su forma es un presagio
de los tiempos mudables,
imagen de los días,
expansión
que aguarda al filo de la savia.
No medran las ortigas ni la menta
donde es todo remanso. Cada salto
del agua en la caída
salpica el borde árido
y prende en tierra pedregosa
la semilla.

Te nombraré también a ti, el amor
que trae lumbre en sus sílabas,
que en su mención enciende

la mirada en el centro,
el pulso interno
que empuja el tiempo hacia delante.

Daré además los nombres que ahora callan,
el lenguaje que asalta la conciencia.
Será anidar la noche al alba.
Será abrir los espacios
de la mañana nunca imaginada.

LOS LÍMITES DE POSEIDÓN

El mar, voluntad pura,
lleva a puerto la barca más pequeña
o despedaza buques,
pero no decidió la noche
en que salen de costa las pateras.
Para sus navegantes, las corrientes
no avanzan arrastradas por caballos
de un dios imaginado con tridente.
Son voz incomprensible
como las lenguas de los que residen
a salvo, en la otra orilla.

A ORILLAS DE ÍTACA

Has despertado solo en tierra firme,
con las primeras luces, sobre arena,
sin advertir la entrada en esta isla.
Así llegó sin transición el día,
sin presenciar los hechos intermedios
que han traído un presente renovado.

No supiste al principio dónde estabas,
pero se ha disipado la nube y ya contemplas
de lejos el paisaje recordado.

No cruzarás aún ásperas selvas
ni entrarás hoy en la ciudad,
que ya es casi desconocida.
En Ítaca te aguardan otros tiempos
que habrás de transitar junto al origen
del horizonte alzado en esta playa.

EPÍLOGO

DESDE LA ISLA

HACIA EL PRIMER ESPACIO

Asido al viento, a los fragmentos
que nuestros ojos retuvieron,
recorro a tientas la pendiente.

¿Qué nombro ahora,
en este espacio abierto? Los reflejos
de lo pasado impregnan las acequias.

Será ya propio el mundo
que ha transformado la mirada.
Deja su rastro en la memoria.

La claridad ya es solo para sí:
rasga una estrella, hasta emprender
la senda del retorno.

CICLO INTERIOR

Se agranda el fondo de la luna,
en ese invierno transparente.

Todo en ti estaba concluido.
Eras caudal de sombras hacia dentro.

¿Por qué ladera descendieron, sin sentirlas,
las aguas hondas del acuífero?

LO QUE FUE AHORA

Se abre un tiempo a la noche.
En su clamor,
la luna reverdece.
Muestra sus dedos blancos en la hiedra.

Parece que en ti vive el mineral.
Su luz de ayer
crepita en un recuerdo de verano,
cielo y trigo
fundidos hacia el alba.

Eran entonces voces sin objeto,
un balbuceo en campo de rastrojos
que ahora traduce el brillo de la estrella.

Así adquiere su forma lo incompleto.
Su voluntad se hace materia prolongada.

LA TARDE QUE TE NOMBRA

Descansaba la brisa en tu costado.
Ahora, la llevas dentro,
vuelta presencia de cenizas.

Deja tu piel tiznada,
va impregnando
el hueco de tu cuerpo en las arenas.

Se tendía en ti el sol, sobre la hierba.
Luego, se hundió en los ojos,
con el viento.

Meces aquel momento en las palabras,
sin alcanzar su fondo,
pero la imagen queda retenida.

Es ella quien te nombra.
En ella, significas.

SIN TRANSCURSO

Con la grandeza
de la expresión calmada ante un abismo,
detuviste la noche
para alumbrar la senda bifurcada.

Allí aguardas aún,
en la mañana nunca amanecida.

EN FUGA

En abrasión,
al borde de este instante,
tientas los límites,
en fuga.
Dejas la voz en el vacío.

Es solo blanca esta extensión
de las arenas.
Es su sonido nada más
este murmullo.
No te detienes a observar
el haz de luces que ya fueron,
ni las que habrán de disiparse entre las dunas.

LO IMPOSIBLE REVIVIDO

¿De cuántas formas vuelve el alba?
¿Qué turbación
de sangre o mano gélida
se oculta tras la línea no rozada?

Revive el día lo imprevisto.
No fue así
como tembló la luz primera,
en esta imagen familiar
que aviva ahora su contorno.
Su aliento trae de nuevo lo imposible.

DESDE LA ISLA

I

Isla hacia dentro,
forma recobrada,
perdura el cambio en tus estrellas incisivas,
siguen las horas modulando tu lenguaje.
Una y distinta,
emerge de ti el fruto inaccesible.

En nueva sucesión
de piedra a la intemperie,
recorro en ti la imagen aquietada.
Cada temblor de sol
se amolda apaciguado en las orillas.

Abres la entrada al oleaje en tus fisuras,
chocan los límites con furia.
No cederás tu espacio,
que es uno mismo y renovado
sobre esta arena sumergida.

Traes un aullido en tu interior,
un golpe ciego.
No cesa el rayo arriba.
Borras las huellas y das tierra.
Nutres de tiempo y amapolas
el cuerpo en que te habitan.

Isla hacia fuera,
sangre presentida,
tu nombre brilla en la estación helada.
En cada roca, el sedimento
ciñe de sal y sueño tu memoria.

No se detiene el viento en el ocaso.
En tu contorno,
la noche aguarda una presencia intermitente,
el vuelo bajo de las garzas.

Isla insondable,
sombra perseguida,
tomas tu voz
del nombre en que ya estabas.

II

Te sirvió de señal
la antigua dentellada y la mención
de cepas y frutales heredados.

Tras el umbral, más tarde,
mezclaron vino negro,
mientras los dioses debatían los destinos.

AGRADECIMIENTOS

Esta obra recibió el Premio Nacional de Poesía "Poeta Mario López" 2025. Agradezco al jurado —María Rosal, Antonio Luis Ginés y José Sarria— su generosa valoración, y a este último, además, su implicación en el proceso de edición, en calidad de director editorial.

Quiero agradecer también a José Manuel Suárez sus observaciones a la primera versión del libro. A él dedico el poema «Realidad de las palabras».

Estoy igualmente en deuda, por sus lecturas y su apoyo, con Aziz Amahjour y Emilio Pascual; y, muy especialmente, con Elena Felíu, por sus sugerencias, que me sirvieron para mejorar los poemas, y por las palabras que prologan este libro.

«Hacia el primer espacio» se dirige a José Ramón Ripoll, en diálogo con sus páginas sobre *La música del verbo*.

La imagen de portada pertenece a Lilián Guerrero Valenzuela, quien tuvo la generosidad de compartir una de sus fotografías, acompañada por el lema: "You were inspired by the fiery red earlier, now be inspired by calming blue".

Desde dentro y fuera de la escritura, me acompañó Carmen Conti. También estuvieron, a orillas, mi hija Julia, mi madre y José Méndez.

ÍNDICE

III. A ORILLAS

EPÍLOGO. DESDE LA ISLA

AGRADECIMIENTOS